Bibliografische Information der Deutschen Nationalbibliothek:

Die Deutsche Bibliothek verzeichnet diese Publikation in der Deutschen National-bibliografie; detaillierte bibliografische Daten sind im Internet über http://dnb.d-nb.de/ abrufbar.

Impressum:

Copyright © 2017 GRIN Verlag
Druck und Bindung: Books on Demand GmbH, Norderstedt Germany
ISBN: 9783668675667

Dieses Buch bei GRIN:

https://www.grin.com/document/418427

Philip Pfau

Kriminalität im Rahmen der Informations- und Kommunikationstechnik (Cybercrime)

Identitätsdiebstahl und Identitätsmissbrauch in Bezug auf Man-in-the-Middle-Angriffe

GRIN Verlag

GRIN - Your knowledge has value

Der GRIN Verlag publiziert seit 1998 wissenschaftliche Arbeiten von Studenten, Hochschullehrern und anderen Akademikern als eBook und gedrucktes Buch. Die Verlagswebsite www.grin.com ist die ideale Plattform zur Veröffentlichung von Hausarbeiten, Abschlussarbeiten, wissenschaftlichen Aufsätzen, Dissertationen und Fachbüchern.

Besuchen Sie uns im Internet:

http://www.grin.com/

http://www.facebook.com/grincom

http://www.twitter.com/grin_com

Fachhochschule für öffentliche Verwaltung NRW

Abteilung Köln

Studienabschnitt HS

Fachbereich Polizei

Modul HS 1.4

Schriftliche wissenschaftliche Ausarbeitung

Thema:
Identitätsdiebstahl und Identitätsmissbrauch in Bezug auf Man-in-the-Middle-Angriffe

Pfau, Philip

Einstellungsjahrgang: 2016

Abgabedatum: 04.12.2017

Inhaltsverzeichnis

1. Einleitung

Das zu bearbeitende Thema in meiner Facharbeit umfasst den Identitätsdiebstahl und den Identitätsmissbrauch. Es stellt eines der umfangreichsten und schnelllebigsten Themengebiete der Internet- und Kommunikationstechnik dar. Das Internet ist allgegenwärtig und jeder Nutzer bzw. jede Nutzerin (zukünftig: User) muss sich mit dem genannten Thema früher oder später auseinandersetzen, um kein Opfer des Identitätsdiebstahls zu werden. Dadurch, dass die Sicherheitsmaßnahmen zum Schutz von Identitäten stetig optimiert werden, sind die Akteure im Kriminalitätsfeld des Identitätsdiebstahls gefordert, neue Maßnahmen und Methoden zu entwickeln, um ihre Ziele, wie z.B. den finanziellen Profit, zu verwirklichen. Es entsteht ein Wettrüsten zwischen den Parteien des Rechts und des Unrechts.

Die Methoden des Identitätsdiebstahls sind breit gefächert, jedoch auch schnell und einfach zu erlernen. Unter dem Deckmantel der Anonymität fällt es vielen Personen wesentlich leichter, Straftaten zu begehen. Man tritt mit dem Opfer nicht in direkten Kontakt, somit besteht nicht die Gefahr aufgrund von Mitleid oder Empathie zum Opfer von seinen illegalen Absichten abzusehen. Hinzu kommt, dass die Aufklärungsquote in Fällen von Computerkriminalität im Jahr 2016 bei nur ca. 38% lag, wobei sich diese nur auf die bekannt gewordenen Fälle bezieht (Hellfeld).[1]

Neben der Beantwortung der allgemeinen Frage, wie sich der Identitätsdiebstahl und –missbrauch definiert, wird die Facharbeit aufzeigen, welche Herangehensweisen genutzt werden, um Straftaten rund um den Identitätsdiebstahl zu begehen. Dabei wird ein Hauptaugenmerk auf die Man-in-the-Middle-Angriffe gelegt, welche auf den Kommunikationskanal zwischen zwei Stationen/Parteien ausgerichtet sind. Dort unterscheidet man die netzwerkbasierten Angriffe von den Angriffen auf das System des Endanwenders.

Des Weiteren soll die Facharbeit Sicherheitsmechanismen aufzeigen, die vor Identitätsdiebstahl und -missbrauch schützen sollen. Speziell die Sicherheitsmaßnahmen der Biometrie und des Captcha-Verfahrens werden hier beleuchtet. Fraglich ist, ob

---

[1] Bundeskriminalamt: Polizeiliche Kriminalstatistik (PKS). Online verfügbar unter https://www.bka.de/SharedDocs/Downloads/DE/Publikationen/PolizeilicheKriminalstatistik/2016/pks2016ImkBericht.pdf?__blob=publicationFile&v=8, zuletzt geprüft am 28.11.2017.

diese Identitätsnachweise ein probates Mittel zum Schutz vor Identitätsdiebstahl darstellen.

2. Identitätsdiebstahl und Identitätsmissbrauch

2.1 Identität im technischen Sinne

Der Begriff der Identität wird im Rahmen der Facharbeit in zwei Kategorien unterteilt, in die der sozialen und technischen Identität. Während man unter der sozialen Identität die klassischen Angaben wie beispielweise Name, Adresse und Geburtsdatum versteht, umfasst die technische Identität Informationen wie den Benutzernamen und das dazugehörende Passwort sowie E-Mail-Adressen, Personalnummern, Mobilfunknummern, IP-/Mac-Adressen und auch Domainnamen.[2]

2.2 Definition Identitätsdiebstahl

Es gibt viele verschiedene Definitionsansätze für den Begriff des Identitätsdiebstahls. Sie reichen von der „missbräuchlichen Nutzung personenbezogener Daten"[3] bis zu „dem Kopieren und Fälschen von Finderabdrücken".[4] Um eine zu schwammige Erklärung des Begriffs zu vermeiden und eine klare Abgrenzung zum Identitätsmissbrauch zu schaffen, wird der Identitätsdiebstahl in dieser Facharbeit wie folgt definiert: Die unbefugte Beschaffung von Datensätzen, die eine Person im Einzelfall eindeutig bezeichnen. Dabei ist die Eindeutigkeit der Identifizierung maßgebend, unvollständige Datensätze wie ein Benutzername ohne das dazugehörige Passwort reichen demnach nicht aus.[5]

2.3 Definition Identitätsmissbrauch

Der Identitätsmissbrauch wird nur äußerst selten separat definiert, in den meisten Fällen wird er unter dem Begriff des Identitätsdiebstahls zusammengefasst. Auch hier soll eine klare Differenzierung erfolgen. Identitätsmissbrauch ist somit das unbefugte Handeln unter dem Deckmantel einer falschen oder verfälschten Identität. Verfälscht ist

---

[2] Borges, Georg; Schwenk, Jörg; Stuckenberg, Carl-Friedrich; Wegener, Christoph (2011): Identitätsdiebstahl und Identitätsmissbrauch im Internet. Berlin, Heidelberg: Springer Berlin Heidelberg, S. 5 (zukünftig zitiert: Borges, 2011).

[3] Borges, 2011, zitiert S. 10.

[4] ebd., zitiert S. 10f.

[5] Borges, 2011, S. 10f.

eine Identität dann, wenn einzelne Datensätze der eigenen Identität verändert werden.[6]

2.4 IT-Bezug und Auswirkungen auf die Polizei

Die folgenden Ausführungen zu den Formen von Identitätsdiebstahl und -missbrauch bieten nur einen groben Überblick und sind bei weitem nicht umfassend.

Eine der einfachsten Methoden ist die sogenannte Spaßbestellung. Namensentsprechend werden dort Bestellungen mit leicht zu beschaffenden Adressdaten (z.B. mittels Online-Telefonbuch) fremder Personen oder Unternehmen aufgegeben.[7]

Das Abgreifen von Kreditkartendaten, Zugangsdaten von E-Mail-Accounts oder anderer technischer Identitätsdaten geschieht mittels Phishingangriffen.[8] Charakteristisch dafür erhalten User von einem Angreifer per E-Mail eine Aufforderung ihre Zugangsdaten für ein Internetportal oder für das Online-Banking zu erneuern oder anzupassen. Diese täuschend echt aussehende E-Mail verweist wiederum auf eine vom Angreifer erstellte Internetseite, auf der die verlangten Daten eingegeben werden müssen. Nach erfolgter Eingabe werden die sensiblen Daten dem Angreifer zugespielt.[9]

Um Angriffe beim Online-Banking zu unterbinden, werden Tan-Generatoren eingesetzt, die im Besitz des Bankkundens bei Transaktionen in Echtzeit einen bestimmten Zahlenwert (Tan-Nummer) anzeigen, welcher zur Verifizierung eingegeben werden muss. Tan-Generatoren ersetzen die damals benutzten Tan-Listen.[10]

Die oben aufgeführten Beispiele für Identitätsdiebstahl und -missbrauch zeigen auf, dass sich das Tätigkeitsfeld der Polizei aktuell und in Zukunft stetig verbreitert. Das Internet ist das sich am schnellsten entwickelnde Medium und bietet dadurch zahllose neue Möglichkeiten für Kriminelle sich zu entfalten. Aber auch bisher getätigte Verge-

---

[6] ebd., S. 9f.

[7] ebd., S. 14.

[8] ebd., S. 15.

[9] Bundesamt für Sicherheit in der Informationstechnik: Spam, Phishing & Co. Phishing. Online verfügbar unter https://www.bsi-fuer-buerger.de/BSIFB/DE/Risiken/SpamPhishingCo/Phishing/phishing_node.html, zuletzt geprüft am 28.11.2017.

[10] Borges, 2011, S. 15.

hen, wie beispielsweise Erpressungen in Form von Erpresserbriefen, werden heutzu-
tage per E-Mail versandt, sodass der Brief als Spurenträger wegfällt. Hinzu kommt,
dass das Dunkelfeld in Fällen von Computerkriminalität äußerst hoch ist. Dies ist unter
anderem auch dem Umstand geschuldet, dass das Vertrauen des Users, das Opfer
von Computerkriminalität geworden ist, in die Polizei gering ist.[11]

Dem muss in Zukunft mit Kooperationen zwischen Polizei und anderen Sicherheitsun-
ternehmen entgegengewirkt werden.[12] Auch in der Aus- und Fortbildung von Polizeibeamten sollte das Thema Computerkriminalität zentraler Bestandteil sein. Jedoch
wird man gleichzeitig auch dazu gezwungen sein, externes Personal wie IT-Spezialis-
ten einzustellen, um sich den internetbasierten kriminellen Energien entgegenzustel-
len.[13]

3. Man-in-the-Middle-Angriffe

3.1 Netzwerkbasiert

Grundlage der netzwerkbasierten Man-in-the-Middle-Angriffe ist das Spoofing, sprich
die Manipulation oder auch Verschleierung der eigenen Identität mittels nachfolgend
beschriebener Methoden, um das Opfer zu täuschen. Personen, die Spoofing-Metho-
den nutzen, werden Spoofer genannt.[14]

Die erste Spoofing Variante ist das Media Access Control Spoofing (kurz: MAC-Spoo-
fing), also das Verschleiern einer MAC-Adresse. In einem Netzwerk (LAN) hat jeder
User eine individuelle feste Hardware-Adresse seiner Netzwerkkarte, die MAC-Adresse. Sie legt die genaue Adressierung in einem LAN fest und wird zur Identifizierung
bzw. Legitimierung benötigt. Der Spoofer könnte Zugriff auf ein LAN erhalten, welches
nur von bestimmten MAC-Adressen betreten werden kann, indem er seine MAC-Adresse durch ein Software-Programm in eine für das LAN legitime MAC-Adresse ändert.
Die Verbindung zu einem LAN oder auch drahtlosen LAN (WLAN) lässt sich jedoch

---

[11] Fauth 2015: Veränderungen polizeilicher Alltagsarbeit durch die Entwicklung der IT und die Auswirkungen auf das Berufsbild des Polizeibeamten. In: Hans-Jürgen Lange und Astrid Bötticher (Hg.): Cyber-Sicherheit. Wiesbaden: Springer VS (Studien zur Inneren Sicherheit, 18), S. 147–159, S. 147-152.

[12] Borges, 2011, S. 155.

[13] ebd., S. 156f.

[14] ebd., S. 17.

nur „vor Ort" gewährleisten, d.h. der Spoofer muss sich in unmittelbarer Nähe aufhalten.[15]

Neben der MAC-Adresse hat jeder User auch eine IP-Adresse. Sie identifiziert den User in einem LAN und ist vergleichbar mit einem Personalausweis. Der Unterschied der beiden Adressen besteht vereinfacht dargestellt darin, dass die IP-Adresse den Namen sowie die Straßen- und Hausnummer des Users darstellt, währenddessen die MAC-Adresse Informationen über das Stockwerk und die Haustür beinhaltet.[16] Hier setzt nun das Address Resolution Protocol (kurz: ARP) an. Es ist eine Übersetzungstabelle zwischen IP- und MAC-Adressen, die für die Kommunikation in einem LAN oder WLAN benötigt wird. Hat der Spoofer nun Kontrolle über das ARP, kann jeglicher Datenverkehr der User in einem LAN oder WLAN vom Spoofer mitgelesen werden.[17]

Auch die IP-Adresse kann gefälscht werden (IP-Spoofing), ist jedoch im Rahmen des Identitätsdiebstahls bzw. -missbrauchs zu vernachlässigen, da es bevorzugt bei Denial-of-Service (DoS) Angriffen genutzt wird. Dabei wird das Endgerät eines Users durch Informationsüberflutung überlastet, das zu einer Nichtverfügbarkeit führt.[18]

Eine weitere Spoofing Variante ist das DNS-Spoofing oder auch Pharming genannt. Jede Internetseite hat, wie auch jeder User, eine IP-Adresse. Um das Internet benutzerfreundlicher zu gestalten, verfügt die Internetseite neben der IP-Adresse zur Identifizierung auch noch über eine Namensadressierung, auch Domain genannt (Beispiel: www.google.de). Der DNS (Domain-Name-Service) löst die Domain in die IP-Adresse auf. Mittels Schadsoftware kann ein Spoofer den DNS-Speicher eines Users verfälschen, sodass beim nächsten Aufruf einer bestimmten Domain der DNS die IP-Adresse einer vom Spoofer erstellten Internetseite aufruft. Die dort eingegebenen Daten werden dem Spoofer dann übermittelt.[19]

---

[15] Borges, 2011, S. 20f.

[16] Paulsen-IT: Spoofing. Online verfügbar unter https://www.paulsen-it.de/tutorials/spoofing.html, zuletzt geprüft am 28.11.2017.

[17] Borges, 2011, S. 22f.

[18] ebd., S. 22f.

[19] Borges, 2011, S. 23f.

Auch die bereits aufgeführten Phishing-Angriffe sind Bestandteil des Spoofings.[20]

3.2 Endanwenderbasiert

Die effektivste und auch beliebteste Art eines Man-in-the-Middle-Angriffs ist die Kompromittierung der Usersysteme, sowohl auf Hardware-, als auch auf Softwareebene. Ausschlaggebend hierfür ist das meist nur geringe Wissen der User über IT-Systeme.[21]

Auf Softwareebene gelten die Attacken auf den User dem Betriebssystem oder dem Internetbrowser. Beim Betriebssystem geschieht dies meist durch Schadsoftware, sogenannte Trojanische Pferde. Dies sind alleinarbeitende Programme, die sich tief im Betriebssystem des Users verankern und nur schwer entfernen lassen. Von dort aus können sie sämtliche Eingaben auf dem Usersystem kontrollieren und aufzeichnen bzw. an den Ersteller der Schadsoftware weiterleiten. Meist lauert die Schadsoftware in Anhängen von Spam-Mails oder unlizenzierten Downloads über P2P-Netzwerke. Dies bedeutet, dass jeweils ein aktives Handeln des Users benötigt wird (Öffnen von E-Mail Anhängen oder Downloaden von Dateien).[22]

Der Browser, welcher den Zugang zum Internet ermöglicht, beinhaltet oftmals einige Schwachstellen, die der Angreifer zum Ausspähen technischer Identitätsdaten ausnutzt. Gerade die Addons, welche User zum personalisieren ihres Browsers nutzen, sind dabei Hauptangriffspunkt. Auch hier wird wieder mit der Unwissenheit des Users gespielt, da dieser grundsätzlich bei der Installation eines Browseraddons einwilligen muss. Ähnlich wie bei einem Trojanischen Pferd zeichnet das schädliche Browseraddon bestimmte Eingaben beispielsweise beim Online-Banking auf oder leitet sie weiter.[23]

Bei Man-in-the-Middle-Angriffen auf Hardwareebene wird das System des Users durch Software (oftmals Trojanische Pferde), welche auf Tastaturen, Mäusen oder USB-

---

[20] ebd., S. 24.

[21] ebd., S. 50.

[22] ebd., S. 53-56.

[23] Borges, 2011, S. 51f.

Sticks verdeckt gespeichert ist, manipuliert. Aus diesem Grund ist bei vielen Unternehmen oder auch staatlichen Organen wie der Polizei das Nutzen von privaten Hardwarekomponenten untersagt.[24]

4. Schutz von Identitätsdaten

Identitätsdaten werden auf verschiedene Arten geschützt, die bekannteste Methode ist der Passwortschutz. Je nachdem wie das Passwort gewählt wird (ab einer bestimmten Zeichenlänge und Zeichenvielfalt), bietet es einen ausreichenden Schutz. Sobald der User auf einer beliebigen Homepage ein Userprofil erstellt, wird er angewiesen, ein Passwort zu nennen. Diese Passwörter werden dann in einer Datenbank von der Homepage gespeichert und zusätzlich verschlüsselt.[25] Ist diese Verschlüsselung nicht ausreichend oder beinhaltet Sicherheitslücken, ist auch das beste Passwort nutzlos. So geschehen Ende 2014 bei Yahoo, als Angreifer Datensätze von ca. 500 Millionen Usern entwendeten.[26]

Eine weitere Schutzmethode ist der Besitz von Gerätschaften. Dazu gehören die Tan-Generatoren, Hardwaretokens, und auch Mobiltelefone beim mTAN-Verfahren.[27] Gerade das mTan-Verfahren erfreut sich immer größerer Beliebtheit, da es benutzerfreundlich ist. Der Tan-Generator wird einfach durch das Mobiltelefon oder Smartphone ersetzt. Sobald eine Tan-Nummer abgefragt wird, erhält man diese per Kurzmitteilung auf sein Mobiltelefon / Smartphone. Natürlich birgt es jedoch auch wieder seine Risiken, falls das Smartphone von einem Angreifer so manipuliert wird, dass sämtliche Daten ausgelesen werden können. Trojanische Pferde stellen auch hier weiterhin eine Gefahr dar, da sie die Möglichkeit besitzen, Online-Überweisungen zu er-

---

[24] ebd., S. 56.

[25] ebd., S.6f.

[26] heise online: heise Security. Online verfügbar unter https://www.heise.de/security/meldung/Yahoo-muss-erneut-Massenhack-beichten-Eine-Milliarde-Opfer-3570674.html, zuletzt geprüft am 28.11.2017.

[27] Borges, 2011, S.7ff.

kennen und die Kontonummer bei der Eingabe gegen die des Angreifers auszutauschen.[28] Identitätsdaten können ebenfalls durch Technik/Software geschützt werden, Beispiele dafür sind Anti-Viren-Programme oder eine Firewall.[29]

4.1 Biometrie

Bei der Biometrie handelt es sich um einen ähnlichen Schutz wie bei der Passworteingabe. Hier wird zunächst anstelle eines Passworts ein Biometrie-Merkmal des Users angefordert und in einer Datenbank abgespeichert. Beim Versuch sich zu authentifizieren, wird dann ein Abgleich des Biometrie-Merkmals des Users und des in der Datenbank gespeicherten unternommen. Biometrie-Merkmale sind personengebunden und umfassen verhaltenstypische oder physiologische Charakteristiken, geeignet dafür sind: Fingerabdruck, Gesicht, Augensignatur, Stimme, Unterschrift, Schreibverhalten. Problematisch hierbei ist, dass zur Erfassung solcher biometrischen Merkmale immer eine Hardware mit entsprechenden Sensoren benötigt wird. Diese können wiederum manipuliert werden, indem dem Gerät ein Duplikat eines biometrischen Merkmals zugespielt wird.[30] Ein bekanntes Beispiel dafür ist die TouchID von Apples iPhone. Sie wurde schon nach kurzer Zeit von starbug, einem Mitglied der Computeraktivistengruppe „Chaos Computer Club", mithilfe von Holzleim umgangen.[31] Selbst wenn die Sensoren eines bestimmten Gerätes nicht zu täuschen wären, besteht immer noch die Gefahr, dass diese bei der Übertragung der Datensätze über das Internet abgefangen werden könnten. Somit wäre der Schutzmechanismus komplett aufgehoben, da biometrische Datensätze eines Users nicht veränderbar sind.[32]

4.2 Captcha-Verfahren

Das Captcha-Verfahren (Completely Automated Proof to Tell Computers and Humans Apart) ist ein weit verbreiteter Sicherheitsmechanismus, der Anfragen dahingehend

---

[28] ebd., S. 36f.

[29] ebd., S. 56f.

[30] SecuPedia: Biometrische Verfahren. Online verfügbar unter http://www.secupedia.info/wiki/Biometrische_Verfahren, zuletzt geprüft am 28.11.2017.

[31] WinFuture: iPhone 6 Holzleim-Hack. Online verfügbar unter http://winfuture.de/news,83752.html, zuletzt geprüft am 28.11.2017.

[32] Borges, 2011, S.40ff.

überprüft, ob sie von einem Menschen oder von einer künstlichen Intelligenz bzw. Software stammen.[33] Diese Überprüfung erfolgt mittels optischer oder akustischer Rätsel, die vom Anfragensteller gelöst werden müssen. Diese Rätsel oder Aufgaben sind so gestaltet, dass eine künstliche Intelligenz oder eine Software sie nicht analysieren können. Dazu werden Wörter oder Ziffernfolgen stark verzerrt und müssen vom User erkannt und eingegeben werden. Ein andere Variante zeigt mehrere Bilder, wobei diese Bilder immer ein Objekt (z.B. einen Baum) gemeinsam haben. Dieses Objekt muss dann vom User als solches benannt werden.[34]

Akustische Captcha bestehen aus einer Audiodatei, welche mittels eines Audioplayers angehört werden können. Das gehörte Wort wird dann in ein Lösungsfeld eingetragen, um das Captcha zu lösen. Bei den visuellen Captcha kristallisiert sich das Problem heraus, dass sie aufgrund der starken Verzerrung manchmal sogar von Menschen nicht gelöst werden können.[35]

Captcha werden hauptsächlich zum Unterbinden von Massenanfragen genutzt. Massenanfragen werden meistens getätigt, um eine Seite lahmzulegen, viele Daten in kürzester Zeit abzufragen oder auch um einen Login-Versuch zu Brute-Forcen. Bei der Brute-Force-Methode versucht eine Software ein Passwort herauszufinden, indem es immer wieder verschiedene Zeichenabfolgen ausprobiert. Auch beim Online-Banking hat das Captcha-Verfahren Einzug gehalten, um das Tan-Verfahren nochmals abzusichern und das Abfangen von Daten durch einen Man-in-the-Middle-Angriff zu unterbinden.[36]

5. Fazit

Die Ausarbeitung führt zu dem Ergebnis, dass in den meisten Fällen ein entsprechendes PC-Knowhow des Users einen Angriff auf Identitätsdaten massiv erschweren würde. Sobald ein Trojanisches Pferd einmal Zugang zum PC eines Users hat, sind viele Sicherheitsvorkehrungen wirkungslos. Sämtliche Arbeitsprozesse auf dem PC können mitgelesen werden, dies beinhaltet natürlich auch Passwörter, Kontonummern

---

[33] ebd., S. 43.

[34] Borges, 2011, S. 43f.

[35] ebd., S. 43ff.

[36] ebd., S.46f.

oder andere Identitätsdaten. Das Trojanische Pferd gelangt in den meisten Fällen jedoch nur über ein fehlerhaftes Verhalten des Users auf den PC.

Der Schutz durch Biometrie ist für die Authentifizierung von zu Hause aus eher nicht geeignet. Zu groß ist die Gefahr, dass die Daten abgefangen oder manipuliert werden. Im Gegensatz zum Passwortschutz besteht bei den Biometrie-Merkmalen nicht die Möglichkeit, mal eben eine Änderung vorzunehmen. Bei lokaler Anwendung, beispielsweise um eine Tür zu öffnen, sollte ein fälschungssicheres Eingabegerät verwendet werden.

Das Captcha-Verfahren ist eine gute Ergänzung zum bisherigen Passwortschutz, da es gerade Brute-Force-Attacken deutlich erschwert. Auch das massenhafte Abfragen von Daten aus sozialen Netzwerken kann damit unterbunden werden.

Um effektiv Identitätsdiebstahl und -missbrauch zu vereiteln, muss der User sich ein gewisses Basiswissen über den PC und das Internet aneignen. Dieses Wissen sollte stetig aktualisiert und erweitert werden. Nur so kann man dem Angreifer zuvorkommen und ihm keine Möglichkeit der Schädigung geben. Denn wie bereits ausgeführt, hat jede Sicherheitsvorkehrung ihre Grenzen. Selbst das elektronische oder auch mobile Tan-Verfahren, das bei der Authentifizierung Benutzernamen, Passwort und ein externes Gerät benötigt, kann durch ein einfaches schadhaftes Programm schnell umgangen werden.

Es wird auch in Zukunft keinen hundertprozentigen Schutz geben, Opfer von Identitätsdiebstahl zu werden. Kriminelle werden sich immer mehr in den Bereich der Informations- und Kommunikationstechnik ausbreiten, da dort schnell viel Profit erzielt werden kann. Nur durch eine adäquate Ausbildung der Polizei und das Hinzuziehen von IT-Fachkräften kann man sich der Entwicklung entgegenstellen.

6. Literaturverzeichnis

Borges, Georg; Schwenk, Jörg; Stuckenberg, Carl-Friedrich; Wegener, Christoph (2011): Identitätsdiebstahl und Identitätsmissbrauch im Internet. Berlin, Heidelberg: Springer Berlin Heidelberg.

Bundesamt für Sicherheit in der Informationstechnik: Spam, Phishing & Co. Phishing. Online verfügbar unter https://www.bsi-fuer-buerger.de/BSIFB/DE/Risiken/SpamPhishingCo/Phishing/phishing_node.html, zuletzt geprüft am 28.11.2017.

Bundeskriminalamt: Polizeiliche Kriminalstatistik (PKS). Online verfügbar unter https://www.bka.de/SharedDocs/Downloads/DE/Publikationen/PolizeilicheKriminalstatistik/2016/pks2016ImkBericht.pdf?__blob=publicationFile&v=8, zuletzt geprüft am 28.11.2017.

Fauth, Jürgen (2015): Veränderungen polizeilicher Alltagsarbeit durch die Entwicklung der IT und die Auswirkungen auf das Berufsbild des Polizeibeamten. In: Hans-Jürgen Lange und Astrid Bötticher (Hg.): Cyber-Sicherheit. Wiesbaden: Springer VS (Studien zur Inneren Sicherheit, 18), S. 147–159.

heise online: heise Security. Online verfügbar unter https://www.heise.de/security/meldung/Yahoo-muss-erneut-Massenhack-beichten-Eine-Milliarde-Opfer-3570674.html, zuletzt geprüft am 28.11.2017.

Paulsen-IT: Spoofing. Online verfügbar unter https://www.paulsen-it.de/tutorials/spoofing.html, zuletzt geprüft am 28.11.2017.

SecuPedia: Biometrische Verfahren. Online verfügbar unter http://www.secupedia.info/wiki/Biometrische_Verfahren, zuletzt geprüft am 28.11.2017.

WinFuture: iPhone 6 Holzleim-Hack. Online verfügbar unter http://winfuture.de/news,83752.html, zuletzt geprüft am 28.11.2017.